AF362062

Für eusi
liebe Lena und Remo,
wo trotz dä vielne
Ereignis und Emotione
zwei sehr fröhlichi und
sorglosi Chind sind.

DinoLena

S'tapfere Meitli, wo dä chline Langerhans-Zelle schwümme biibringt.
© 2022 Übersetzung: Chris Ruckstuhl
ISBN 978-3-9525656-1-2 (Hardcover)
ISBN 978-3-9525656-5-0 (eBook)

Titel der Originalausgabe:
DinoLena - Het dappere meisje dat de Langerhanscelletjes zwemmen leert.
© 2022 Paula Ruckstuhl
ISBN 978-3-9525656-0-5 (Hardcover)
ISBN 978-3-9525656-4-3 (eBook)
ISBN 978-3-9525656-8-1 (Paperback)

Auch erhältlich als:
• DinoLena - Das tapfere Mädchen, das den kleinen Langerhans-Zellen das Schwimmen beibringt.
  (Deutsch)
• DinoLena - The brave little girl that teaches the small Langerhans cells how to swim. (Englisch)
DinoLena wird von Paula Ruckstuhl herausgegeben

© Idee und Text 2022: Paula Ruckstuhl
© Illustrationen 2022: Roosmarijn Nagel
© Design und Gestaltung: Linda Retel

Dieses Buch wurde in den folgenden vier Sprachen veröffentlicht: Niederländisch, Englisch, Deutsch und Schweizerdeutsch. Alle Rechte liegen bei Paula Ruckstuhl.
Dieses Werk ist urheberrechtlich geschützt. Das Werk einschliesslich seiner Teile darf ohne schriftliche Genehmigung der Paula Ruckstuhl in keiner Form reproduziert oder elektronisch bzw mechanisch verarbeitet, vervielfältigt oder verbreitet werden.

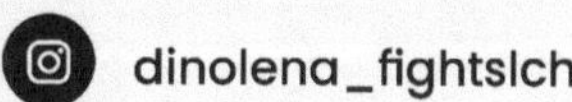 dinolena_fightslch

 dinolena.fightslch@gmail.com

Wie alles agfange hät...

Das isch d'Lena. Mer seit ihre au DinoLena, will sie so starch isch wie en Dinosaurier. Gsehnder ihri Muskle?

Wo d'Lena 2-jährig gsi isch, hät
sie plötzlich ganz fescht Durscht
übercho. Überall, wo's Wasser
ghä hät, hät sie en Schluck gnah.
Eimal, nachdems fescht gregnet
hät, hät sie sogar s'Regewasser
trunke, wo sich im Ahänger vom
Bobbycar gsammlet hät.

D'Lena hät en Zwillingsbrüeder, dä Remo.
Au bekannt underem Name SuperRemo,
will er dä liebschti Brüeder uf dä Welt isch
und immer für d'Lena sorget. Zäme mit
em Papi und em Mami erlebet sie vieli
lässigi Abentüür.

Dä Doktor hät gseit, sie sölli weniger trinke, aber das isch für d'Lena sehr schwierig gsi. Sie hät nämlich nöd nume viel trunke, sondern au viel bissled und hät drum immer eso Durscht gha. Wenn sie z'wenig Wasser gha hät, isch d'Lena hässig und truurig worde. Da hät s'Mami sich entschiede mit ihre in es Spital zgha. Nach ere sehr lange Nacht händ d'Ärzt ändlich gwüsst, warum d'Lena immer eso viel Durscht hät.

Zerscht hät d'Lena en
Zauberspray übercho

Wenn sie dä nimmt, denn hät sie plötzlich kei Durscht meh und chan
mache, was alli Chind mached...

...nämlich eifach spiele und s'Läbe gnüsse!

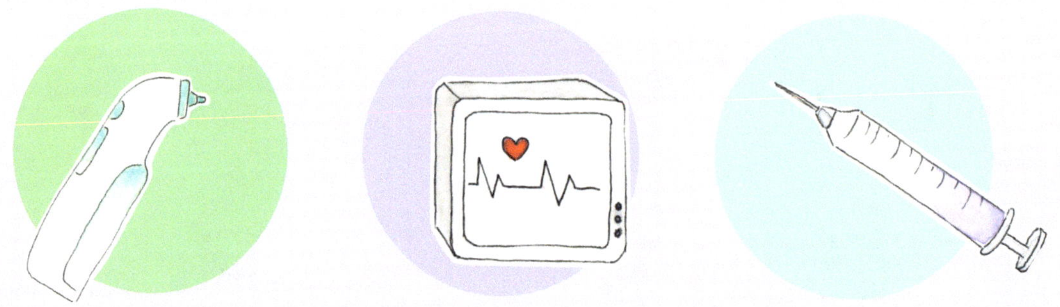

Um usezfinde, warum d'Lena plötzlich en
Zauberspray brucht und anderi Chind nöd,
hät mer sie im Spital no wiiter undersuecht.

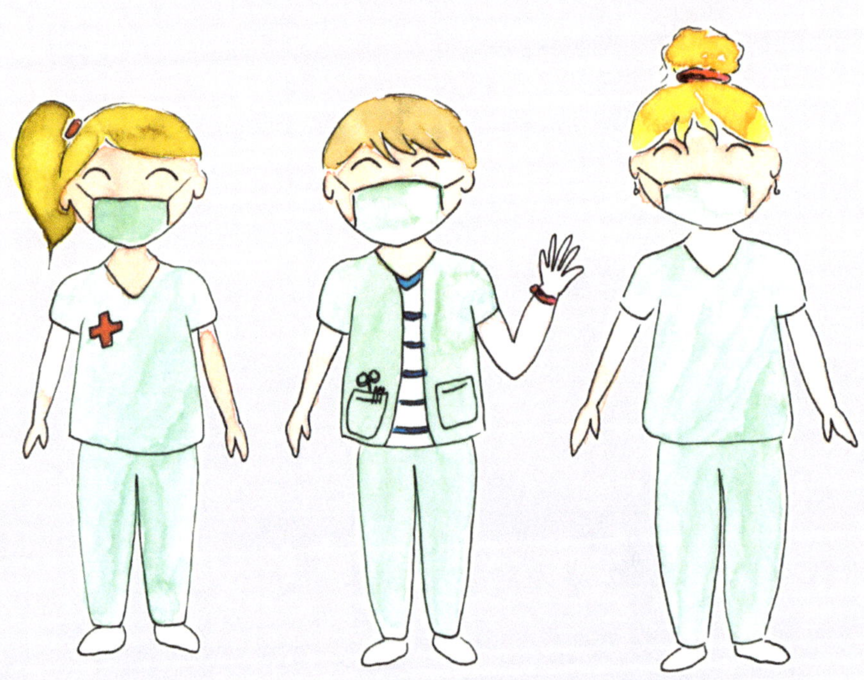

Im Spital häts vieli grüeni Mänsche gha. Das sind Ärzt gsi und Lüüt vom Pflegepersonal, wo d'Lena ganz gnau undersuecht händ. Sie händ Bilder vom Büüchli und vom Chopf gmacht und sogar es Filmli vom Herzli. Zum Glück händs ihre vorher öppis ghä, demit sie tüüf und fescht hät chönd schlafe.

Nach dä Undersüech hät d'Lena es chlises Zaubertüürli übercho.
Dur das Tüürli chönd die chline Helferli ine, demit sie dä Babyzelle
chönd schwümme lehre.

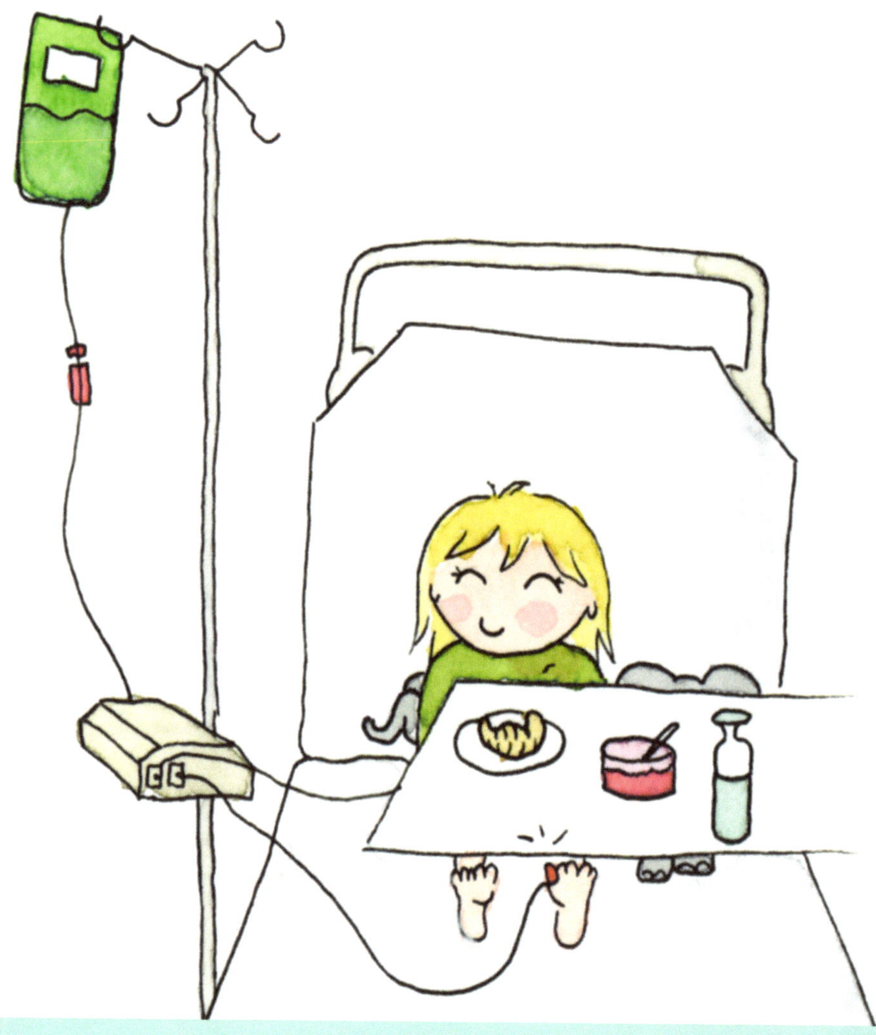

Wo sie den wieder ufgwacht isch, hät sie ganz viel gesse.
Am liebschte hät d'Lena Birchermüesli, Truube und Gipfeli.
Hmm, so fein!

Ändlich händ
d'Ärzt gwüsst,
was mit dä Lena
los isch...

Die chline Langerhans-Zelle...

Alli Mänsche, au
die grosse, händ
Zelle i ihrem Körper.
Die schwümmed
umenand und
sorged defür, dass
d'Lüüt gsund bliibed.

Bi einige Erwachsne und Chind schwümmed aber au vieli chlini
Babyzelle ume, wo no gar nöd würklich chönd schwümme.
Demit sie nöd undergönd, suched sich die Babyzelle mit
andere Babyzelle zäme es Plätzli zum sich feschthebe. Das
chan überall si, im Bei, im Muul, im Büüchli oder uf dä Huut.

Bi dä Lena
isch dä Platz
im Chopf.

All die chline Zelle uf eim Huufe isch natürlich nöd eso guet. Die versperred den dä grosse Zelle dä Weg und wenn die grosse Zelle nöd det ane chömed, wo's müend, den chas sie, dass mer plötzlich ganz viel muess bissle und ganz fescht Durscht hät. Es isch drum sehr wichtig, dass die Babyzelle schwümme lerned!

Zum Glück gits für
das ganz bsunderi
chlini Helferli, wo
d'Lena bi dem chönd
understütze.

Chasch es
chlises Gheimnis
für dich bhalte?
es chlises
Zaubertüürli

Zum s'gheime Tüürli vo dä Lena ufmache, muess sie jedi Wuche is Spital. Sie nimmt dänn ihres eigeni Doktorköfferli mit und hilft dä Ärzt bi dä Arbet. Nebed em Pflegepersonal gits im Spital au no Glöön, eine vo ihne isch d'Frau Professor Flippa, sie isch die Schlauschti vo allne.

DinoLena zeiged immer zerscht ihre Zeigefinger. I dä kriegt sie en Piks und den fahrt en chline rote Zug use. Es fühlt sich amigs echli komisch a, aber zum Glück gaht das schnell verbi.

Nacher dörf sie uf s'Bett klettere und wird vom Arzt undersuecht.
Es hät sogar en Fernseh a dä Decki, demit's nöd langwiilig wird,
wenn d'Lena uf dä Doktor warte muess.

Jetzt dörf d'Lena ihres Tüürli zeige. Dihei hät s'Mami
bereits es Zauberpflästerli uf die richtig Stell klebt,
demit's jetzt ganz eifach chan ufgmacht werde.

Zerscht wird s'Tüürli ganz guet putzt, da defür chömed Pinguin mit ihrne Füessli. Die stinked es bitzeli und sind au sehr chalt, wills natürlich im Schnee gstande sind. Brrrr!

Und dänn……wird s'Zaubertüürli rasch ufgmacht und die chline Helferli ineglah. Die Erwachsne säged dem au Chemotherapie, aber das Wort isch nöd eso schön.

Ab und zue laht dä Doktor au öppis usem
Tüürli usefahre und zwar en rote Zug! Es
chan sogar meh als eine si. D'Lena dörf
den säge, wohi d'Fahrt söll gha und hilft
dä Lüüt bim ii- und usstiege am Bahnhof.
Sie dörf da defür dä Zug 10 mal trüle,
zellsch mit 1..2..3..4..5..6..7..8..9..10!
Den werdet d'Zügli is Labor bracht zum
luege, öb DinoLena no immer so starch
isch wie suscht.

DIN

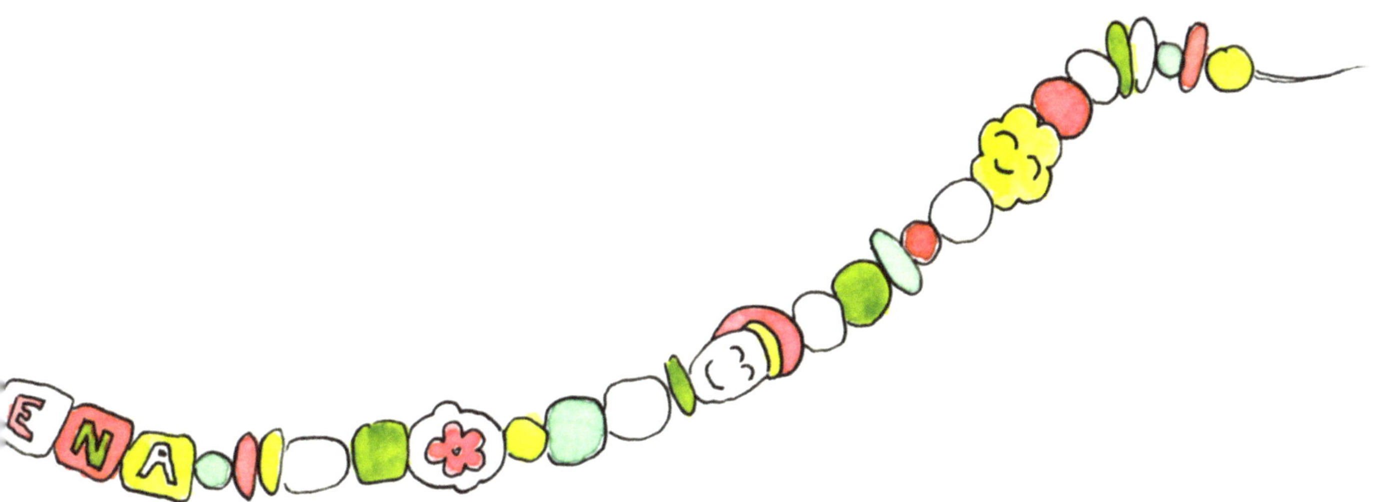

Wenn den emal alli Helferli drin sind, laht dä Doktor nochli Spaghettiwasser inne, demit sie mit dä Arbet chönd afange und s'Tüürli gschlosse werde chan. Da die tapferi DinoLena so guet mitgholfe hät, dörf sie 4 Perle ussueche für ihri DinoLena Chetti.

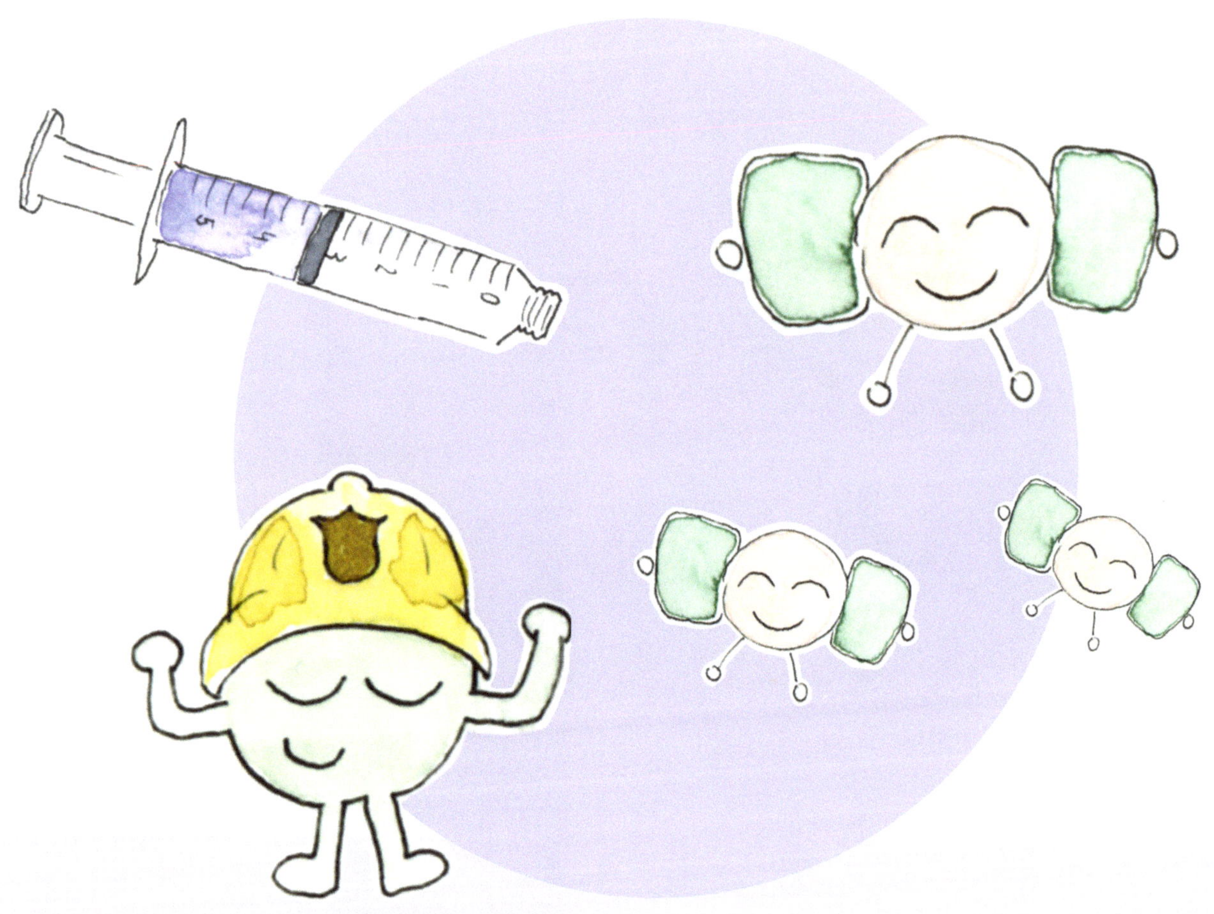

Wenn DinoLena dihei isch, nimmt sie jede Tag e Sirupsprütze zum die chline Helferli stärcher z'mache, die müend nämlich au öppis esse. Ab und zue ghat DinoLena zrug is Spital zum Bilder mache. Den wird glueged, öb die chline Babyzelle scho echli schwümme glernt händ. Bis det ane hilft die tapferi DinoLena dä chline Helferli dur ihres gheime Tüürli.

Für die Grossen...

Als Lena 2 Jahre alt war, fing sie plötzlich an sehr viel zu trinken. Es wurde vermutet, dass die Ursache psychisch war, und wir bekamen vom Arzt die Empfehlung, ihr nicht mehr als 2 Liter Wasser am Tag zu geben. Das war extrem schwierig, ihr Verhalten veränderte sich. Aus einem fröhlichen Kind wurde ein trauriges und ab und zu sogar aggressives Mädchen. Sie wollte nur noch wasserhaltiges Essen, wie Gurken und Tomaten und ihre Haut war ausgetrocknet. Sie machte wirklich alles, um an Wasser zu kommen. Sobald sie Wasser bekam, ging es ihr sofort besser, das war aber erst nach 4 bis 6 Litern am Tag. Nach vielen Arztbesuchen und einem heftigen Durstversuch, bekamen wir die Diagnose 'Diabetes Insipidus Centralis' (DI), auch Wasserdiabetes genannt.

Die Krankheit verhindert, dass die Hirnanhangsdrüse das 'Wasser'-Hormon ADH produziert. Damit ist der Körper nicht in der Lage Wasser zurückzuhalten. Um den Flüssigkeitsverlust zu kompensieren, muss man sehr viel trinken. Zum Glück gibt es dieses Hormon als Medikament, wodurch der Wasserhaushalt stabilisiert und die Lebensqualität verbessert werden kann.

Um eine andere Ursache als 'angeboren' auszuschliessen, wurde ein MRI von ihrem Kopf gemacht. Darauf folgte die nächste Diagnose, nämlich die Langerhans-Zell-Histiozytose (LCH). Dies ist eine sehr seltene Krankheit.

Bestimmte weisse Blutzellen -die Langerhans Zellen- vermehren sich ungewöhnlich stark, verklumpen und lagern sich im Knochen, manchmal auch in verschiedenen Organen oder im Gehirn ab. Die Folgen können meistens gut behandelt werden, nichtsdestotrotz ist es aber ein langer und schwieriger Weg. Es gibt leider auch keine Garantie, dass die Krankheit nicht an einem anderen Ort im Körper wieder auftaucht.

Bei Lena befinden sich die Tumore im Kopf: im Schädelknochen und in der Hirnanhangsdrüse. Um die Folgen bekämpfen zu können, muss die Ursache - also die Tumore - behandelt werden. Zum jetzigen Zeitpunkt ist Lena mitten in der Behandlung mit Chemotherapie und Kortison, worauf sie zum Glück sehr gut anspricht.

Wir versuchen immer positiv zu bleiben. Das hilft Lena dabei, die Behandlungen ohne Angst zu ertragen. Auch das Team im Kinderspital Zürich spielt für uns eine sehr wichtige Rolle. Sie beziehen Lena in Vieles was sie machen mit ein, sie hilft gerne mit und darf das auch. Da sie aber noch so klein ist, ist es schwierig für uns, ihr und ihrem Bruder zu erklären, wieso sie immer ins Spital fahren und Medikamente nehmen muss, von denen sie sich ab und zu schlecht fühlt. Von Anfang an erfanden wir, während den Spitalbesuchen, kleine Geschichten, um die verschiedenen Situationen verständlicher zu machen.

Hierauf ist dieses Büchlein entstanden. Wir wünschen uns, dass andere Kinder und Betroffene, die etwas Ähnliches erleben müssen, auch von der Geschichte DinoLena profitieren können.

Die 'Langerhans Cell Histiocytosis Awareness' Facebook Gruppe, in der Betroffene aus der ganzen Welt ihre Geschichten und Erfahrungen teilen können, hat uns als Eltern sehr viel Kraft und Unterstützung gegeben. Auch das Büchlein von Super Sebbie, über einen Jungen, der von LCH betroffen ist, die Websites Histio.org sowie histiozytose.org beinhalten viele Informationen und ermöglichen den interaktiven Austausch.

Wir wünschen euch viel Spass beim (Vor)Lesen!

www.ingramcontent.com/pod-product-compliance
Lightning Source LLC
LaVergne TN
LVHW071925160726
843515LV00010B/2529